CANTATE

SUR

LES GRECS,

CONSIDÉRATIONS SUR LE DROIT POLITIQUE

ET PROPOSITION D'UNE CROISADE

EN FAVEUR DES GRECS.

Par le Comte de Franclieu.

Peuples, cessez de vous précipiter, de gravir l'un sur l'autre;
Armés, restez chez vous:
Que vos rapports mutuels soient ceux d'une bienfaisante
humanité.

Se vend au Profit des Grecs.

Prix : 1 franc.

Paris,

CHEZ DELAUNAY, LIBRAIRE,

PALAIS-ROYAL.

IMPRIMERIE DE GAULTIER-LAGUIONIE, HÔTEL DES FERMES.

1827.

CANTATE SUR LES GRECS,

PAR LE COMTE DE FRANCLIEU,

Auteur (je rappelle ces sujets si graves, ils sont encore en discussion ; il est temps qu'elle s'achève au gré (s'il se peut) de nos besoins, de la raison publique,)

Auteur d'un projet sur l'*organisation* et *la distribution de la force publique*, conforme aux excellens principes posés par le général Tarayre ; force publique toujours disponible, essentiellement vouée à l'ordre, et toujours supérieure à tout obstacle. A la barre de la chambre, s'il se pouvait, je ne craindrais pas d'en soutenir la discussion.

Auteur d'un projet de loi sur la presse, ayant pour but :

1°. D'assurer la liberté de la presse ; elle est un droit public, individuel.

2°. D'énoncer, de classer tous les délits dont elle peut être susceptible, et, selon leur nature, d'en obtenir une juste répression.

3₀. En toute question majeure de mettre l'opinion publique à même d'être toujours éclairée.

Je pense encore avoir satisfait à ces trois points par mon projet le plus simple (1).

Il fut insulté à la tribune nationale le 20 décembre 1821, par MM. de Riaucourt et Cornet d'Incourt, députés.

Ah ! s'il eût été permis de se faire justice à soi-même, j'eusse été demander à ces messieurs raison de leurs injures, triste effet de l'esprit de parti...... Je les ai méprisées ; je ne les juge pas fondées ; je les regrette ; et (s'il m'est permis de le dire) je les pardonne.

Je persiste à proposer comme bon, comme sage, mon projet de loi sur la presse.

---

(1) Tout projet de loi sur la presse, me dit-on, doit porter cette épigraphe :

Il n'est que le hibou que la lumière offense.

Moins concis je dirai :

Le vil hibou réprouve la lumière :
Il ne se plaît que dans l'obscurité
A l'aspect du soleil il se met en colère,
Ainsi que le méchant devant la vérité.

Au Feu Comte de Franclieu Ubusca,

ancien capitaine au régiment des dragons de Bourbon,

Le Cte de Franclieu,
son cousin reconnaissant.

MON CHER COUSIN,

C'est à vous, vous près duquel et avec qui fut élevée mon ènfance, vous si aimable, doué de tant de facilité et de graces, et qui étiez encore plus honnête homme que vous n'aviez d'esprit;

Vous qu'ont aimé tous ceux qui vous ont connu, dont le nombre s'affaiblit, moissonné successivement par la faux du trépas; vous qui faisiez des vers si charmans et les récitiez si bien, et qui si bien (chez Mme de Montesson) jouiez la comédie; vous sous les ordres de qui j'étais, servant avec le même grade dans le même régiment:

C'est à vous que je dédie ces vers, que mon cœur et ma trop faible intelligence viennent de me dicter.

Mais seraient-ils maintenant l'expression de votre pensée?

Probe, toujours vous aimâtes la vérité. Le propre de votre caractère fut la bonté et l'indulgence; et (le dirai-je?) dans ces conseils, dans ces leçons si gracieuses que vous vous plaisiez à me donner, me faisant répéter les vers de nos premiers tragiques, quelquefois vous sembliez me dire : Un jour vous serez bon à quelque chose; vous m'encouragiez..... Je dois donc être moi tout entier (si je le puis) dans l'hommage que je voudrais vou rendre.

Cependant les événemens nous avaient séparés; vous êtes allé mourir sur une terre étrangère, et moi je n'émigrai jamais.....

Du fond de votre tombeau agréez ces vers, que j'estime exprimer des sentimens généreux, et peut-être devoir prévaloir,

Comme un témoignage de mon constant souvenir, de ma tendresse continue, et de mes cuisans regrets d'être séparé, d'être privé de vous, notre frère aîné, et le meilleur de nous.

FRANCLIEU.

Senlis (Oise), 15 *octobre* 1826.

Cantate sur les Grecs.

Les vers tiennent à l'esprit. Que ceux-ci, s'il se peut,
soient l'expression de la saine raison!

Amour sacré de la patrie
Et de la sainte humanité,
Inspirez ma voix qui supplie,
Qui demande la charité.

Un peuple, ornement de la terre,
Brillait par l'esprit et les arts;
Guidé par la sagesse austère,
La gloire habitait ses remparts.
Qui put troubler tant d'harmonie?
Un roi voisin, perfide et faux,
Sema chez eux la jalousie;
Unis, ils devinrent rivaux.

Ils ont jeté le cri de guerre,
Entre eux, prééminence, orgueil!
Chacun veut dominer son frère!
Bientôt fut creusé leur cercueil.
Le temps a comblé leur misère;
Sous le joug ottoman pâli,
Rebut de la nature entière,
Assez le Grec fut avili.

Relevez-vous, villes de l'Ionie,
Villes toujours fertiles en héros!
Vous reprendrez le sceptre du génie;
Le Turc affreux périra sous les flots.
Mer, engloutis leur horde vagabonde!
Punis enfin d'exécrables forfaits;
Meure Ibrahim, pour le repos du monde!
O Grec, sois libre et l'ami des Français.

Proclamons-le : tout peuple est à lui-même;
Doit-il donner ou recevoir des fers,
Devenu vil, courbé sous un pouvoir suprême,
Ou bien, féroce, altier, levant un front pervers?
Abjurons à la fois insolence et bassesse :
Il faut pour être unis un respect mutuel;
Aucun ne peut porter un fardeau qui le blesse;
Les peuples sont égaux aux yeux de l'Éternel.

Qui doit parler en maître en Grèce, en Illyrie?
Quel droit le Russe a-t-il sur le fier Polonais?
Eh quoi! Vienne commande à la belle Ausonie!
Et notre Canada devient propre à l'Anglais!
Superbe, il asservit et l'Inde et ses rivages;
Il parle liberté, partout sont ses soldats;
Il se dit commerçant, je vois ses brigandages;
L'astucité perfide accompagne ses pas;
Avec sa marchandise aborde
La discorde!
Reste armé sur ta terre, et ne la franchis pas.

(7)

Accorde au Grec, grand Dieu, sa délivrance!
Qu'il puisse, libre enfin, encenser ton autel !
Oui, Dieu nous pèse tous en sa même balance,
Et tous nous avons droit à son cœur paternel.
Jadis la jalousie a fait votre infortune ,
Grecs : l'Anglais aujourd'hui l'attise en votre sein ;
Ralliez vos esprits sous une loi commune;
L'union fait la force et régit le destin ;
O Grec, redeviens grand, libre et républicain (1).

Portons secours aux malheurs de la Grèce;
Tous, de tous nos moyens secondons son effort ;
Si nous devons respect à la sagesse ,
A l'oppresseur il faut donner la mort.
Et redisons sans cesse
Ces mots sanglans ,
Pour le plus fort empreints sur la faiblesse.....:
Le droit de la conquête est le droit des brigands.

Sortez de vos tombeaux, vieux guerriers de l'Attique,
Miltiade, Cimon, grand Épaminondas !
Vos nobles descendans ont le courage antique ,
Chacun d'eux pour modèle a pris Léonidas.
Verrons-nous prévaloir la honte et l'infamie,
Le Danube rouler au mont Olympien ;
Metternich éteindroit le flambeau du génie!
Il ferait reculer l'entendement humain!

(1) Jadis la Grèce fut république; il y a ici légitimité.

Amour sacré de la patrie
Et de la sainte humanité,
Inspirez ma voix qui supplie;
Aux Grecs faisons la charité.

Mais quel fait étonnant tout-à-coup se révèle!
La ville du Coran s'embrase, est tout en feu!
Des vengeances du ciel bienfaisante étincelle!
O juste, mets toujours ta confiance en Dieu.
Un nouveau Constantin va s'asseoir à Bysance;
Avec lui vont régner la paix et l'équité.
Ainsi vont s'accomplir tous les vœux de la France:
De Panama, d'Argos surgit la liberté.

Amour sacré de la patrie
Et de la sainte humanité,
Que sous votre étendard tout peuple se rallie!
De nous Dieu veut la charité.

Partons, secourons l'innocence;
Aux champs athéniens précipitons nos pas;
Réprimons, s'il se peut, le crime et l'insolence;
Qui d'entre nous redoute le trépas?
Après notre victoire adviendra la clémence;
Marchons; l'honneur nous appelle aux combats.

Lorsque j'émets le vœu que la Grèce redevienne république, c'est-à-dire républiques fédératives, chacune indépendante en son régime intérieur, terres fermes et îles, celles-ci à leur volonté réunies par groupes,

Liées entr'elles par une administration centrale, ou congrès formé d'envoyés en égal nombre de chaque état,

Je n'entends pas un gouvernement où le peuple tumultueux, confus, commande, agit, fait et défait ses lois au gré de l'homme artificieux qui trop souvent par ses intrigues le dirige à son insu.

Un tel état est le chaos trop voisin de l'anarchie.

Mais je veux, je désire une république telle que le prescrivent nos lumières actuelles acquises, fondées sur les écrits de nos sages, dictés par la réflexion et l'expérience.

Je veux que l'état soit dit la chose de tous ; que son contrat social définisse les droits et les devoirs individuels, et les rapports de chacun à la masse, et de la masse vis-à-vis des individus, créant des institutions chargées de la satisfaction de ses devoirs, étant chacune distincte, et tendant toutes le plus directement à un même but d'une félicité publique.

Préparé (s'il y a lieu, en divers projets) par les membres d'une commission temporairement nommée *ad hoc*, et choisi par la majorité des voix libres de tous, reconnus présenter en eux-mêmes une garantie déclarée suffisante d'un même besoin, d'un même amour de l'ordre.

Il offrira le mode simple d'une revision toujours facile, et à la demande des principaux corps de l'état, et à époques fixes pour la satisfaction des droits des générations successives, à l'effet de corriger les abus qui peuvent suivre, parer à la marche des temps, s'assurer que la voix publique, que la voix souveraine ne peut être éludée, étouffée ;

Le contrat ainsi que tout changement, toute modification qui y soit apportée, devant être l'effet de la volonté libre et franchement manifestée de la voix souveraine.

Le gouvernement, créé par le contrat, formé de l'ensemble des institutions, devant une obéissance stricte aux attributions, aux devoirs qu'il lui prescrit, n'influera point sur les changements à y apporter (autrement ces changements seraient déterminés en l'intérêt particulier de ses membres en opposition peut-être alors à l'intérêt public).

Son gouvernement, en raison des députés qui, choisis librement par l'ensemble des votes publics, en feraient successivement partie, ne portera pas le titre de gouvernement représentatif; il ne saurait y en avoir, en exister. Ces gouvernements peuvent se nommer interventifs; le peuple y intervient. Mais le peuple souverain, mais la volonté souveraine, indélébile, inhérente à la masse, et son attribut essentiel, qui le constitue, inaliénable, ne peut être confiée, ne peut être représentée, ne peut appartenir à aucun corps, à aucune autorité.

Seule la masse, se composant de tous ceux offrant une garantie suffisante, peut faire faire, choisir et consentir son contrat, acte précis et constitutif de sa souveraineté.

L'on peut voir que je n'aime pas les Chartes *octroyées*; (parlons de celle de Portugal); malgré un peu de bien, devenu impossible, elles sont fausses. C'est mon opinion que je crois facile à prouver.

Mais parmi les nations civilisées, *quelle institution* pourrait garantir l'observance des principes, *des vérités* que je viens d'énoncer :

Tout peuple est à lui-même. Sur son territoire, de droit il est indépendant ?

Et qui réglera les rapports généraux des peuples entr'eux ?

Sous la dictée de tant de sages, je l'ai déjà bien souvent proposée.

Qu'il soit établi *un congrès permanent* ou plutôt *un tribunal d'arbitrage suprême*, formé de trois envoyés de tout état, toujours invité et toujours apte à en faire partie, nommés pour trois ou neuf années, successivement renouvelés, statuant sur tout ce qui tient au droit des gens.

La France proposerait sur son territoire, pour la tenue de

ses séances, tout lieu quelconque que l'on pourrait choisir. Pourquoi l'insalubrité annoncée de l'isthme de Panama (dont il faudrait rechercher les causes pour les détruire) s'oppose-t-elle à ce qu'il soit désigné? la jonction qu'il forme des deux Amériques, une large voûte souterraine qu'il doit être possible d'y creuser réunissant les deux mers et par là les deux hémisphères, eussent peut-être rendu ce lieu le plus favorable de la terre.

Doit-on fonder ce tribunal ? Il ne peut y avoir de doute.

Une des premières conditions sociales au sein des peuples civilisés est que, hors les cas d'une attaque inopinée, spontanée, l'homme abandonne le droit de se faire justice à lui-même pour le soin de la lui rendre être confié *à une autorité* devant lui offrir toute garantie de sagesse et d'*impartialité*. Les gouvernemens des peuples doivent se trouver reposer entre les mains d'hommes civilisés. Ceux-ci ne doivent pas plus que d'autres avoir le droit de se faire justice à eux-mêmes. Ils doivent les premiers donner l'exemple de la subordination aux lois de justice positive, puisqu'ils l'exigent de ceux qu'ils conduisent. Ils ne sont, ne doivent être eux-mêmes que des hommes civilisés.

Les divers gouvernemens des peuples adopteront ce mode *d'un tribunal d'arbitrage suprême* lorsque, renonçant au droit féroce de se faire justice à eux-mêmes, (ce qui est opposé à toute civilisation) ils voudront satisfaire à leurs devoirs et se lasser de rougir la terre pour obtenir une domination qui est un *crime* lorsqu'elle est forcée.

A chaque changement devant être l'effet de la volonté des peuples, l'aplomb de la masse, l'aplomb de l'Europe ne sera pas le partage commun d'une proie déchirée, mais l'observance des principes sociaux, des principes de justice que nous commandent les lumières de la raison.

Ainsi non-seulement en leurs enceintes respectives les peuples doivent être indépendans les uns des autres, mais encore toutes les parties qui composent une nation ne peuvent de droit être liées entr'elles (devant chacune jouir au même degré des avantages de l'association) que par l'effet de leur propre volonté librement émise et franchement constatée loin de la présence en leur territoire d'aucun corps étranger armé.

Toute autre doctrine est évidemment tyrannie.

En mes vers j'appelle sur le trône de Constantinople un nouveau Constantin. J'estime que tel est l'intérêt du pays (il faut de grands moyens pour secouer l'esclavage), j'estime que telle est la volonté de ces belles contrées; volonté que de droit elles restent toujours maîtresses de modifier.

Le Turc, par sa stupidité, par son orgueil, par sa férocité, est opposé à toute civilisation. Ainsi devront disparaître même de dessus leur territoire les habitans de Maroc, de Tunis, d'Alger s'ils persistent à n'être que des pirates. L'homme tel qu'un vil bétail est-il fait pour être la proie d'un audacieux brigand et être vendu sur les marchés ?

Le tribunal d'arbitrage suprême que j'invoque proclamera ces vérités que nous révèle notre intelligence, qu'adoptent nos lumières acquises.

Il apportera au monde conciliation et justice, il consacrera le principe de la liberté des mers, la parfaite indépendance mutuelle des peuples, la sûreté de tout bâtiment de commerce, la responsabilité de toute nation en ses parages.

Sans délais, sans frais, sans prééminences, sans orgueil il statuera sur toute contestation, il ne permettra nulle voie de fait, il prononcera sur eux.

Les peuples ne se précipiteront plus, ne graviront plus l'un sur l'autre.

Leurs armes offensives resteront retenues sur leurs territoires respectifs, n'offrant en leurs courses au dehors d'après des réglements précis que des secours généreux;

Que désormais nos rapports mutuels ne puissent plus être que ceux *de la plus bienfaisante humanité.*

Votons tous l'*indépendance de la Grèce*
et la création d'*un tribunal d'arbitrage suprême.*
Tout peuple est invité et est toujours apte à en faire partie.

Franclieu.

P. S. Tandis que plein de respect pour les droits des nations, j'essaie de l'exprimer, et pendant les retards de l'impression de cet écrit, les événemens de l'Europe se compliquent.

Osant traiter de si grands intéréts, je me dois (quoique avec le plus de regrets) de dénoncer ma manière de les envisager.

Une escadre anglaise, mouillée au port de Lisbonne, y descend ses soldats *pour la protéger.*

L'Anglais le déclare : les gouvernemens européens n'en prendront point d'ombrage. L'Autriche *protége* Naples ; la France *protége* l'Espagne ; le Turc *protége la Grèce ;* l'esprit de congrégation *protége* la France ; tout de même et dans le même esprit, l'Anglais vient *protéger* le Portugal.

L'Anglais (dit-on) vient de lui donner une constitution libérale. Libérale !

La loi de ses élections compliquée devait amener de faux résultats.

M. dom Miguel (qui, certes, n'aime pas les constitutions) va bientôt, aux termes d'une charte captieuse, en être le régent pour ensuite en disposer.

C'est M. dom Pedro, empereur du Brésil, qui l'a octroyée, soit que le feu roi, son père, mourant l'ait prescrit ; soit que M. dom Pedro, pour se soutenir au Brésil (qui paraît vouloir prétendre aussi à un peu d'indépendance), ait cru ne pouvoir se dispenser de donner au Portugal une apparence de constitutionnalité.

Quoi qu'il en soit de ces mystères, les faits patens sont constans.

Les choix du Portugal pour ses nouveaux cortès (car c'est M. Canning lui-même qui, de sa propre main , a détruit ses précédens cortès), ces choix (dis-je), d'après la magnanimité des habitans du Portugal , en dépit des formes données, ont pu être sages et heureux ; alors l'Anglais , qui *protége* aussi, *qui parle liberté,* et *partout vomit ses soldats,* descend près de *ces cortès pour les paralyser.* Tout est concerté.

Le temps bientôt sur son aile rapide amènera M. dom Miguel, pour être régent et ensuite roi du Portugal (il voulut détrôner son père !).

MM. les Anglais y débarqués par leur influence, par leur présence *armée*, sauront bien assourdir, empêcher toutes les lois, tous les réglemens sages que pourraient vouloir proposer les nouveaux cortès de Lisbonne, tant pour le bien intérieur du Portugal, que pour celui général et commun des nations.

M. Canning vient d'en conférer avec M. de Villèle.

Le gouvernement anglais se dit opposé à la Sainte-Alliance ; il en est la cheville ouvrière dissimulée, cachée.

Il vient de réconcilier le Russe et le Turc, pour ajouter aux embarras de la Grèce, qu'il faut détruire, dont les têtes des habitans vivans encore doivent, ainsi que l'ont été celles de leurs pères, être fichées sanglantes aux portes du sérail.

Rusé, subtil, l'Anglais s'insinue et pénètre partout, mais Constantinople embrasée *atteste la bonté de Dieu.*

Au moment où ce trop faible écrit sort de dessous la presse, je l'y fais rentrer. J'ai besoin d'exprimer à la fois et la satisfaction que j'éprouve et l'opposition que je maintiens au rapport d'un littérateur excellent et d'un philosophe sage auquel je suis le plus attaché, de M. *Avenel*, sur l'histoire d'Alexandre Ier, empereur de Russie, par Alphonse Rabbe. Revue Encyclopédique, 11 novembre 1826, pages 63 à 73.

Tout ce que dit le bon et digne M. *Avenel* sur l'empereur Alexandre, sur son naturel heureux, sur ses fautes, me paraît le plus juste et le plus précis.

Je ne juge point fondés les éloges qu'il donne au gouvernement anglais.

« L'Angleterre (dit-il, page 611) en dehors de la Sainte-Alliance a senti (page 69) qu'il y avait de la gloire à conquérir. Restée spectatrice immobile de l'intervention dans la guerre d'Espagne, elle protége de toute son influence le changement politique survenu en Portugal. Opposée à la Sainte-Alliance, l'Angleterre reprend l'influence qu'elle avait perdue. Elle la trouve dans les forces morales des peuples. »

Restée spectatrice immobile de l'intervention dans la guerre d'Espagne !

M. *Avenel* n'a-t-il pas présent à sa pensée qu'à cette époque le ministre anglais, *en se jouant,* détruisit (je viens de le dire) de ses propres mains les précédens cortès du Portugal, gouvernement lors essentiellement national. Ils se confiaient à lui ; il les *protégeait*, et il osa se vanter que les Français n'étaient pas entrés en Portugal ! *il s'en était chargé.* A-t-il oublié que lors de la délivrance du roi Ferdinand à Cadix, (où les cortès d'Espagne, en très-grande partie vendus, s'étaient graduellement rendus) la Sainte-Alliance proclama ne pouvoir assez reconnaître, ne savoir comment assez récompenser *l'astucité* profonde avec laquelle l'ambassadeur anglais, M. Williams-A'Court, encore vivant, *l'avait su servir?*

L'Anglais secourt-il la Grèce? Il veut sa perte. Elle ressaisirait le trident de Neptune et le sceptre des mers ; ou plutôt, par suite des lumières acquises, elle y ferait régner *Panama*.

L'Anglais protége de nouveau les nouveaux cortès portugais ! il les veut étouffer, il les veut rendre nuls ; c'est tout un.

L'Anglais vouloir la liberté des autres peuples ! Même en son propre sein il asservit l'Irlande.

Malheureux Wolfe Tone *!*

Généralisant ma pensée, je dirai : malheureux Riégo !

Et je m'écrierai : Chambres, en vos diverses contrées, portez enfin le décret de *l'abolition de la peine de mort.*

S'il eût été plutôt rendu ces deux hommes généreux n'auraient point péri ; ni, chez nous, le maréchal Ney, ni notre infortuné duc d'Enghien.

M. Canning (je me répète) est d'accord avec M. de Villèle, avec le ministre autrichien ; il n'a pas cessé de l'être. M. Canning, c'est toujours M. Castelreagh, M. Pitt , qui solda tous les acteurs des crimes de la révolution française par les fonds secrets que vote annuellement le parlement d'Angleterre ; nous en votons aussi.

Mais cessons d'envisager les Anglais ;

J'ajouterai (sur les bases d'*Économie Politique* dont nous parlons tant, et M. J. B. Say et M. L. Sismondi ; etc. Revue Encyclopédique, mois de septembre et d'octobre.)

Ce n'est point en supputant et l'importation et l'exportation; en balançant et la production, et la consommation, et la population, trouvant le point où il faut défendre ou ordonner à la femme d'être féconde... Ce n'est point ainsi que l'on déterminera le bonheur des nations (1).

Que par d'heureuses et positives institutions elles jouissent de la liberté civile, qui ne peut être garantie que par la liberté politique !

Que le travail, la vertu, le mépris de l'or soient mis en honneur ! que le luxe soit interdit aux principaux !

Qu'une nation sache se suffire à elle-même, respecter ses égales, et elle sera heureuse.

La nation la mieux régie est celle où l'on ne redoute pas le nombre de ses enfans, trésor au-dessus de tous les biens de la terre !

Le travail donne du pain ! le travail le fait trouver bon.

----

(1) Les douanes et les statistiques, documens d'ailleurs très-importans, sont trop considérés par rapport au fisc, c'est-à-dire à l'argent que l'on en peut retirer.

PROPOSITION

D'UNE CROISADE EN FAVEUR DES GRECS.

Engagement, Serment du Croisé.

Mais une pensée se reproduit en mon esprit. Dès l'an passé je la voulais offrir.

Nous suffira-t-il de faire pour les Grecs de stériles vœux? leur présenter des secours pécuniaires? Nos ressources sont bornées. Aux Grecs il faut des bras, il faut du fer.

L'hiver va s'appesantir : si au 1er mars prochain 1827 l'indépendance absolue des Grecs par le Turc n'est pas reconnue, proclamée,

Que tout Français brûlant du désir de servir l'humanité sainte, pénétré du principe sacré de l'indépendance mutuelle des peuples, se croise pour voler au secours de la Grèce.

Les journaux, la *Revue Encyclopédique*, le *Courrier Français*, le *Constitutionnel*, le *Journal des Débats*, le *Producteur*, sont priés de constater son serment.

Au cas où le nombre des croisés atteint trois mille, tous, le 1er avril, sont rendus à Marseille. Accourez, jeunes Français. Leur nombre est immense.

Le comité grec de Paris aura bien voulu réclamer près du gouvernement grec des vaisseaux de transport.

Le croisé est muni d'une épée, d'un fusil à la Paoli garni de sa baïonnette; il a cent cartouches, une épée ou sabre, une paire de pistolets, un poignard; il solde sa subsistance; il vit de peu celui qui vit de son courage.

Ces armes en nos mains ne sont que défensives, nous n'allons pas attaquer proprement le Turc, nous voulons purger le sol de *brigands* qui osent attenter à son indépendance. *Elle est de droit naturel.*

Le duel parmi nous sera déclaré infame. Pour une vivacité déplacée, répréhensible même, froidement je ne tuerai pas mon semblable : l'honneur me commande de le vouloir obliger, loin de le détruire.

Toujours prêt à répondre au *brigand*, à *l'assassin*, je ne lui donnerai pas de rendez-vous, ni ne l'accepterai de lui. L'injure, l'insulte doivent être méprisées ou dénoncées aux tribunaux.

L'homme civilisé a renoncé à se faire justice lui-même, il ne tue que contraint à défendre sa vie, ou secourant l'innocence opprimée, ou défendant sa patrie.

Celui qui parmi nous osera abuser de ses armes, à l'instant saisi par nous, sera par nous livré aux autorités de la Grèce, à l'autorité légitime du lieu où la faute aura été commise.

J'ose penser que nul de nous ne sera dans ce cas, quel que soit le nombre des croisés. Tous partout nous serons *vrais Français.*

Le croisé français se distribue par centuries. Chacune nomme son chef.

Rendu sur la plage hellénique il passe sous les ordres du colonel Fabvier, qui lui-même est à la disposition du général déclaré chef par le gouvernement grec.

MM. les rédacteurs du *Courrier Français*, du *Constitutionnel*, de la *Revue*, du *Journal des Débats*, du *Producteur*, sont priés de vouloir bien l'annoncer et l'inscrire en un registre particulier.

Serment du Croisé.

Je soussigné (Louis Henri Camille Pasquier, comte de Franclieu, ancien capitaine de dragons, né le 25 décembre 1763, demeurant à Senlis (Oise),

Profondément affligé des maux que fait peser sur la Grèce l'insolente domination des Turcs, pensant que nul peuple ne doit prévaloir l'un sur l'autre,

Je déclare me croiser en faveur des Grecs.

Aux conditions énoncées ci-dessus, le nombre des croisés atteignant trois mille, l'indépendance de la Grèce n'étant pas solennellement reconnue par le Turc, mes facultés physiques et intellectuelles m'étant conservées,

Je prends sur mon honneur l'engagement d'être rendu à Marseille le premier avril prochain, et là à mes risques et à mes frais, réuni aux centuries qui se devront former, et dont je ferai partie, je me porterai à la première occasion qui pourra s'offrir sur le territoire grec, sous les ordres du *colonel Fabvier*.

Je serai obéissant aux lois de la discipline, aux lois de l'honneur.

Toute propriété particulière et publique me sera sacrée; mon but protégé par Dieu est de la défendre, et d'obtenir l'indépendance de la Grèce, aux dépens de ma vie.

Je désire servir l'humanité ;

J'en fais le serment.

Franchieu,

Nous suivrons notre père,

L'ÉLAN DE MES ENFANS M'HONORE.

Camille Pasquier de Franchieu,
né le 22 Juillet 1811.
Henri Pasquier de Franchieu,
né le 3 Mai 1812.